Inhalt

Integriertes Reporting - die Zukunft der Unternehmensberichterstattung?

Kernthesen

Beitrag

Fallbeispiele

Weiterführende Literatur

Impressum

Integriertes Reporting - die Zukunft der Unternehmensberichters

Annett Kaindl

Kernthesen

- Jahrelang gab es nur eine Richtung: Die Geschäftsberichte der Unternehmen wurden immer umfangreicher.
- Die integrierte Berichterstattung soll Geschäftsberichte neu definieren.
- Dabei wird die Grundidee verfolgt, finanzielle und nicht-finanzielle Informationen in komprimierter Form darzustellen.

Beitrag

Ausufernde Finanzberichterstattung und gegenläufige Initiativen

Neben der klassischen Finanzberichterstattung nach dem deutschen Handelsgesetzbuch (HGB) und den internationalen Rechnungslegungsvorschriften (IFRS) sind in den letzten Jahren immer wieder neue Informationen hinzugekommen wie ein Nachhaltigkeitsbericht, ein Bericht zur Corporate Governance oder ein Bericht über die sozialen und umweltbezogenen Aktivitäten. Die Geschäftsberichte wurden dadurch immer länger und komplexer und die Zusammenhänge zwischen den einzelnen Inhalten dabei oft nicht deutlich.

Es gibt eine Reihe von Initiativen, die sich mit der Verbesserung der Unternehmensberichterstattung beschäftigen. Beispielsweise hat sich die Global Reporting Initiative der Entwicklung von Prinzipien für die Nachhaltigkeitsberichterstattung angenommen. Das International Accounting Standards Board (IASB) hat sich auf die Fahnen geschrieben, die Bilanzierung von Finanzinstrumenten zu vereinfachen. (1)

Doch so umfassend und grundsätzlich wie das im August 2010 gegründete International Integrated

Reporting Committee (IIRC) hat sich bislang noch keine andere Initiative mit der Zukunft der Unternehmensberichterstattung beschäftigt. Ziel ist die Entwicklung eines übergeordneten prinzipienbasierten Rahmenkonzepts für eine neue integrierte Unternehmensberichterstattung. Das Komitee ist mit Vertretern aus Wissenschaft, Unternehmen, Wirtschaftsprüfungsgesellschaften und politisch-regulatorischen Organisationen (IASB, Weltbank) sowie Nichtregierungsorganisationen besetzt. (1), (3)

Grundidee des integrierten Geschäftsberichts

Die Grundidee des integrierten Geschäftsberichts besteht darin, in einer komprimierten Form die Verbindung zwischen Strategie, Governance und finanzieller Performance eines Unternehmens und seinem sozialen, ökologischen und ökonomischen Umfeld darzustellen.

Primäre Adressaten für einen integrierten Unternehmensbericht sind nicht etwa Umweltorganisationen, sondern Investoren. Diese erhalten so einen ganzheitlichen Blick in den Konzern. Qualitative und quantitative Informationen stehen nicht mehr nebeneinander, sondern werden vernetzt. Laut Meinung des IIRC sind die Anleger nicht gewillt, stundenlang Zahlenwerke zu lesen, sondern sie wollen sich schnell einen Überblick verschaffen und dabei auch über Nachhaltigkeitsthemen informiert werden (2)

Der Börsenwert von Unternehmen wird immer weniger von den in der Bilanz ausgewiesenen physischen und finanziellen Assets abgebildet, sondern von immateriellen Faktoren, die aber nur teilweise in die Finanzberichterstattung einfließen. Deshalb ist nach Ansicht des IIRC ein ganzheitlicher Ansatz mit einer integrierten Berichterstattung notwendig. (2), (3)

Am 12. September 2011 hat das IIRC erste Vorschläge für eine integrierte Berichterstattung in Form eines Diskussionspapiers veröffentlicht. (1)

IIRC veröffentlichte erste Vorschläge

Die Vorschläge propagieren einen grundlegenden Wandel der heutigen, stark durch finanzielle Elemente geprägten Berichterstattung wie Bilanz und Gewinn-und-Verlustrechnung. Eine integrierte Berichterstattung stellt dagegen das Geschäftsmodell und die Strategie des Unternehmens in den Mittelpunkt. Die einzelnen Berichtsinhalte (Corporate

Governance, Nachhaltigkeit, Vergütung, Lagebericht) der aktuellen Berichterstattung sowie finanzielle und nichtfinanzielle Informationen sollen stärker als bisher miteinander verzahnt werden. Dadurch sollen die Zusammenhänge zwischen den einzelnen Aktivitäten des Unternehmens und bestehende Wechselwirkungen deutlicher sichtbar werden. Die mittel- und langfristige Wertgenerierung des Unternehmens soll eine größere Bedeutung in der Berichterstattung einnehmen.

Der zentrale Integrationsgedanke des vorgeschlagenen Konzepts wird zu einer Anpassung der Prozesse zur Berichterstellung im Unternehmen führen. Während diese bisher häufig in verschiedenen Abteilungen parallel ablaufen, wären sie künftig stärker zu koordinieren oder sogar zu verschmelzen. Der Aufgabenbereich des klassischen Finanz- und Rechnungswesens wird sich vermutlich in Richtung eines "Informationswesens" erweitern. Neue Berichtsprozesse werden erforderlich werden.

Eine integrierte Berichterstattung ist nur umsetzbar, wenn im Unternehmen auch eine integrierte Unternehmenssteuerung stattfindet. Das bedeutet, dass Entscheidungen in unterschiedlichen Unternehmensbereichen (Organisation, Vergütung, Produktion) mit Blick auf ihre Interdependenzen und ihre kurz-, mittel- und langfristigen Auswirkungen auf das Geschäftsmodell und die

Unternehmensstrategie beurteilt und koordiniert werden müssen. Solche Konzepte sind an sich nicht neu, jedoch in der Praxis nur selten anzutreffen. Der Grund hierfür ist die hohe Komplexität, die mit einer integrierten Unternehmenssteuerung verbunden ist.

Die Umsetzung der integrierten Berichterstattung bietet sowohl für das Management der Unternehmen als auch für die Berichtsadressaten Chancen: Zusammenhänge, auf deren Grundlage Entscheidungen im Unternehmen getroffen werden, werden transparenter. Der Geschäftsbericht würde wieder einen breiteren Adressatenkreis ansprechen und wieder intensiver gelesen werden. Langfristige und nichtfinanzielle Erfolgsfaktoren gewinnen an Bedeutung in der Unternehmenspublizität. (1)

Mit Blick auf den Umfang der integrierten Berichterstattung gehen die Vertreter des IIRC aufs Ganze: 20 bis 40 Seiten Geschäftsbericht sollen ausreichen. (3)

Auch auf die Wirtschaftsprüfer warten neue Herausforderungen

Neben den Unternehmen werden auch die Wirtschaftsprüfer vor neue Herausforderungen gestellt. Die umfassende Sicht auf das Unternehmen bedeutet für die Prüfer eine größere Anzahl an

Prüffeldern. Nach Jahren zunehmender Regulierung im Bereich der Unternehmensberichterstattung mit entsprechend vielen Detailregelungen muss der Wirtschaftsprüfer im Rahmen der integrierten Berichterstattung mit vergleichsweise vagen, prinzipienorientierten Vorgaben seiner Prüftätigkeit gerecht werden. Der Prüfer kann so seine breite betriebswirtschaftliche Expertise wieder stärker zur Geltung bringen und sich dadurch mit seinen Prüfungsleistungen deutlicher von der Konkurrenz differenzieren. (1)

Trends

Zu dem vom IIRC am 12. September 2011 veröffentlichen Diskussionspapier kann die interessierte Fachöffentlichkeit bis zum 14. Dezember 2011 Kommentare einreichen. (2)

Das IIRC möchte bereits in diesem Stadium der Überlegungen viele Meinungen zu den Vorschlägen einholen. Auf dieser Basis findet dann die Beurteilung statt, ob der im Diskussionspapier eingeschlagene Weg weiter beschritten werden soll. Hierzu startet das IIRC im Herbst 2011 auch ein Pilotprojekt mit ausgewählten Unternehmen, um Erfahrungen zu sammeln, wie praktikabel sich das Konzept in der Umsetzung erweist. (1)

Fallbeispiele

Aus Sicht von Oliver Beyhs, Partner bei der Wirtschaftsprüfungsgesellschaft KPMG, wird durch die integrierte Berichterstattung "ein breiteres, mehrdimensionales Bild" von Unternehmen gezeichnet. Der Aufgabenbereich des Finanz- und Rechnungswesen wird enorm erweitert. Durch den hohen Stellenwert des Themas Nachhaltigkeit wird der Druck auf die Unternehmen wachsen, sich intensiver mit der eigenen Leistung beim nachhaltigen Wirtschaften auseinanderzusetzen. (2)

Paul Druckman, Co-Chairman der IIRC-Working-Group, macht deutlich, dass die integrierte Berichterstattung die zentrale Frage beantworten soll, wie das Unternehmen über einen längeren Zeitraum Werte schaffen kann. Druckman betont, dass es um einen fundamentalen Ansatz geht und nicht um einen weiteren Bericht, in dem das Unternehmen zu seiner gesellschaftlichen Verantwortung Stellung nimmt. (3)

Michael Krzus, Partner bei der Prüfungsgesellschaft Grant Thornton, betont, dass die integrierte Berichterstattung die Transparenz für Investoren erhöhen soll. Es genügt nicht, finanzielle und nichtfinanzielle Daten zu einem Bericht zusammenzufassen. Vielmehr müssen die

Unternehmen auch die Wechselwirkungen aufzeigen: Ein neuer Fuhrpark senkt beispielsweise nicht nur die Emissionen, sondern auch den Spritverbrauch und damit die Materialaufwendungen. (4)

Einige Unternehmen sind bereits zu einer integrierten Berichterstattung übergegangen, allerdings noch nicht in der Radikalität und Kürze, wie sie das IIRC fordert. Diese Unternehmen haben ihren Nachhaltigkeitsbericht in den Geschäftsbericht integriert, um nicht mehr nur das Zahlenwerk und die finanzielle Entwicklung in den Vordergrund zu stellen. Als Vorreiter gelten BASF, Philips oder Novo Nordisk. Der Ludwigshafener Chemiekonzern hat 2007 den ersten integrierten Bericht vorgelegt, der niederländische Elektronikkonzern startete 2008, und der dänische Pharmaanbieter stellte 2004 um. Seitdem können sich die Anleger zum Beispiel darüber informieren, wie viel Wasser und Energie verbraucht werden, wie viel Müll anfällt, ob es Arbeitsunfälle gab, und wie stark das soziale Engagement ist. (3)

Weiterführende Literatur

(1) Die Revolution des Geschäftsberichts
aus Frankfurter Allgemeine Zeitung, 19.09.2011, Nr. 218, S. 12

(2) Initiative gegen Patchwork-Berichte nimmt Form an
aus Börsen-Zeitung, 13.09.2011, Nummer 176, Seite 13

(3) Weniger ist mehr - die Revolution im Geschäftsbericht
aus Börsen-Zeitung, 14.07.2011, Nummer 133, Seite 8

(4) Nachhaltigkeit soll transparenter werden
aus Handelsblatt Nr. 120 vom 24.06.2011 Seite 21

Impressum

Integriertes Reporting - die Zukunft der Unternehmensberichterstattung?

Bibliografische Information der deutschen Nationalbibliothek

Die Deutsche Nationalbibliothek verzeichnet diese Publikation in der deutschen Nationalbibliografie; detaillierte bibliografische Daten sind im Internet über http://dnb.d-nb.de abrufbar.

ISBN: 978-3-7379-1405-5

© 2015 GBI-Genios Deutsche Wirtschaftsdatenbank GmbH, Freischützstraße 96, 81927 München, www.genios.de

Alle Rechte vorbehalten. Dieses Werk ist einschließlich aller seiner Teile – z.B. Texte, Tabellen und Grafiken - urheberrechtlich geschützt. Jede Verwertung außerhalb der Grenzen des Urheberrechtsgesetzes bedarf der vorherigen Zustimmung des Verlags. Dies gilt insbesondere auch für auszugsweise Nachdrucke, fotomechanische

Vervielfältigungen (Fotokopie/Mikroskopie), Übersetzungen, Auswertungen durch Datenbanken oder ähnliche Einrichtungen und die Einspeicherung und Verarbeitung in elektronischen Systemen.